HOW DO YOU SAY THAT IN
FRENCH?

This edition is published by Armadillo, an imprint of Anness Publishing Ltd,
Blaby Road, Wigston, Leicestershire LE18 4SE; info@anness.com

www.annesspublishing.com

If you like the images in this book and would like to investigate using them for
publishing, promotions or advertising, please visit our website www.practicalpictures.com
for more information.

Publisher: Joanna Lorenz
Consultant: Raymond G. Christe
Illustrator: Ruth Galloway/Advocate
Designer: Amanda Hawkes
Production Designer: Amy Barton
Production Controller: Mai-Ling Collyer

PUBLISHER'S NOTE
Although the advice and information in this book are believed to be accurate and true at
the time of going to press, neither the authors nor the publisher can accept any legal
responsibility or liability for any errors or omissions that may have been made.

Manufacturer: Anness Publishing Ltd, Blaby Road, Wigston,
Leicestershire LE18 4SE, England
For Product Tracking go to: www.annesspublishing.com/tracking
Batch: 6903-22666-1127

HOW DO YOU SAY THAT IN
FRENCH?

1000 WORDS AND PHRASES FOR KIDS

Written by Sally Delaney and Wendy Richards
Illustrated by Ruth Galloway

ARMADILLO

Introduction

It's great to be able to speak another language. The best way to learn is to visit a country where that language is widely spoken. Talking with native speakers, especially of your own age, makes it easy to pick up the correct words and phrases for topics that interest you.

As that isn't always possible, a book like this is really helpful. You can look at everyday scenes and see immediately how important words and sentences are expressed in French. Each topic also has a box of useful phrases, which you can use to build similar sentences.

As you will probably already know, one major difference between the French and English languages is that all French nouns (naming words) are either masculine or feminine. This means that they may have **le**, **la**, **l'**, or **les** in front of them, where English would only have one word: **the**. When learning French, it is very important that you memorize which form of **the** goes with each noun. **Le** in front of a word means it is masculine, **la** means it is feminine. When **le** or **la** comes before a noun beginning with a **vowel** or an **h**, it usually becomes **l'**. A plural noun would have **les** before it. Likewise, there are masculine and feminine forms of the English **a** or **an**: **un** is the masculine form and **une** the feminine. The plural of these would be **des**, meaning **some.**

Another difference between English and French is that French words sometimes have small signs above or below some of the letters. These accents change the sound of the letter and give clues to how it is pronounced.

Whether you are writing to a penfriend, doing your French homework, or just interested in improving your French vocabulary, this book will help you to say exactly what you mean. Have fun!

Contents

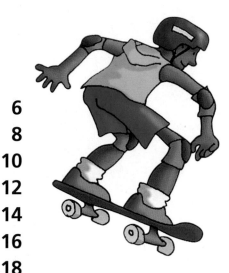

In hospital *À l'hôpital*   6
School *L'école*   8
Family relationships *Les relations familiales*   10
The newsagent *Le marchant de journaux*   12
Directions *Les directions*   14
Swimming *La natation*   16
Sleepover *Découcher*   18
Bathtime *L'heure du bain*   20
Breakfast *Le petit déjeuner*   22
Sport *Le sport*   24
Soccer *Le football*   26
Party time *La surprise-partie*   28
In the countryside *À la campagne*   30
Horse riding *L'équitation*   32
The skatepark *La piste de patinage*   34
Summer holidays *Les vacances d'étè*   36
Winter holidays *Les vacances d'hiver*   38
Fancy dress competition *Concours de costumes*   40
Space *L'espace*   42
At the cinema *Au cinéma*   44
Communication *Communications*   46
The band *L'orchestre*   48
Vehicles *Les véhicules*   50
The supermarket *Le supermarché*   52
At the park *Au parc*   54
The seasons *Les saisons*   56
Countries *Les pays*   58
English–French dictionary *Dictionnaire Anglais–Français*   60
More useful words *Autres mots utiles*   64

In hospital
À l'hôpital

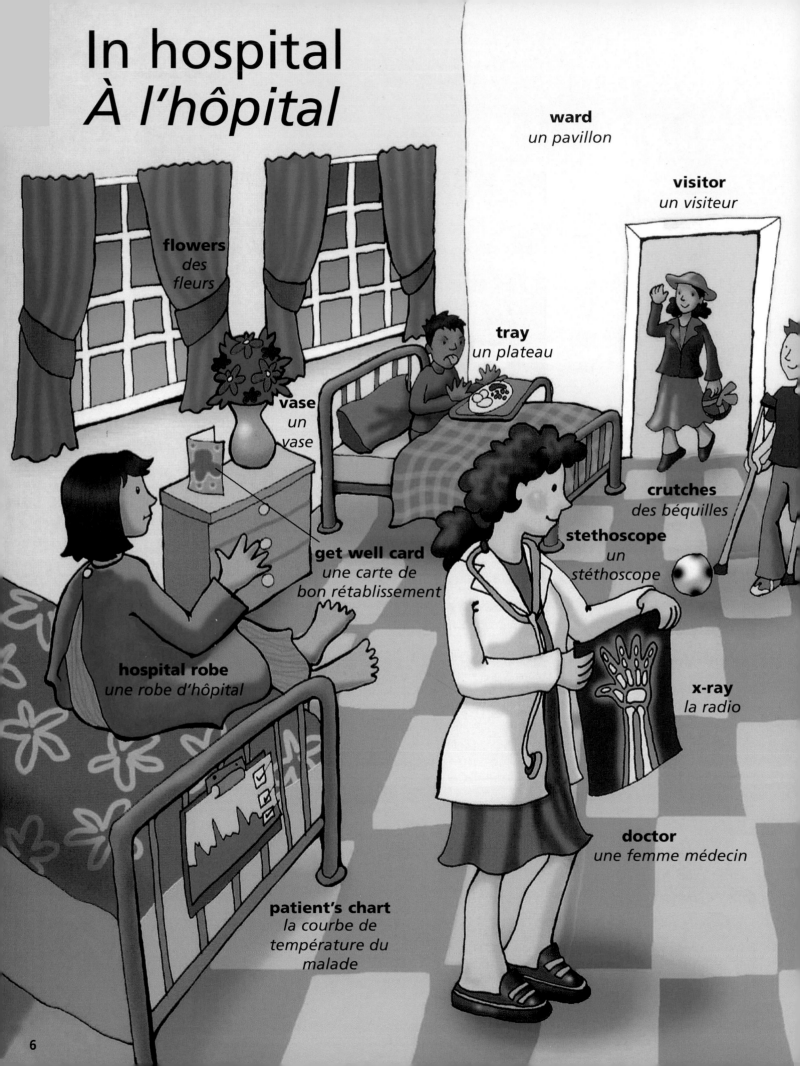

ward
un pavillon

visitor
un visiteur

flowers
des fleurs

tray
un plateau

vase
un vase

get well card
une carte de bon rétablissement

crutches
des béquilles

stethoscope
un stéthoscope

hospital robe
une robe d'hôpital

x-ray
la radio

doctor
une femme médecin

patient's chart
la courbe de température du malade

6

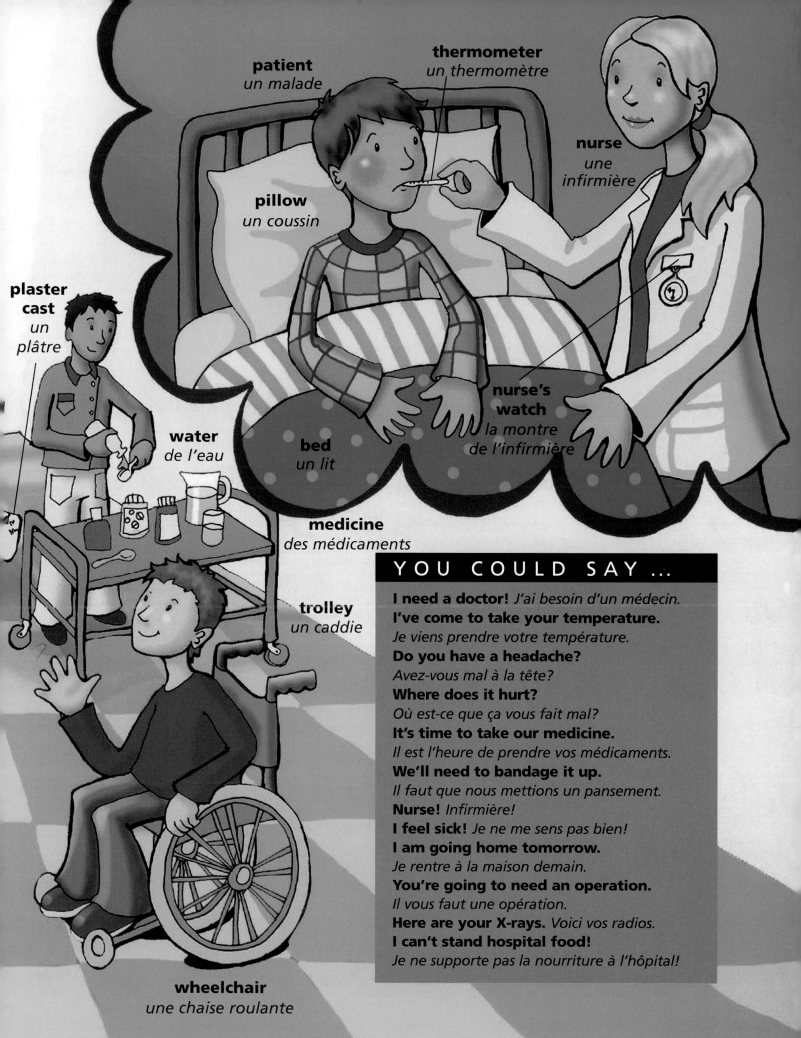

patient
un malade

thermometer
un thermomètre

nurse
*une
infirmière*

pillow
un coussin

**plaster
cast**
*un
plâtre*

water
de l'eau

bed
un lit

**nurse's
watch**
*la montre
de l'infirmière*

medicine
des médicaments

trolley
un caddie

YOU COULD SAY ...

I need a doctor! *J'ai besoin d'un médecin.*
I've come to take your temperature.
Je viens prendre votre température.
Do you have a headache?
Avez-vous mal à la tête?
Where does it hurt?
Où est-ce que ça vous fait mal?
It's time to take our medicine.
Il est l'heure de prendre vos médicaments.
We'll need to bandage it up.
Il faut que nous mettions un pansement.
Nurse! *Infirmière!*
I feel sick! *Je ne me sens pas bien!*
I am going home tomorrow.
Je rentre à la maison demain.
You're going to need an operation.
Il vous faut une opération.
Here are your X-rays. *Voici vos radios.*
I can't stand hospital food!
Je ne supporte pas la nourriture à l'hôpital!

wheelchair
une chaise roulante

7

School
L'école

clock
une horloge

chalkboard
un tableau noir

map
*une carte
géographique*

teacher
une maîtresse

chalk
une craie

hamster
cage
*une cage à
hamster*

hamster
*un
hamster*

cupboard
un placard

desk
un pupitre

exercise book
*un cahier
d'exercices*

pencil
un crayon

ruler
une règle

pen
un stylo

eraser
une gomme

pencil case
une trousse

8

whiteboard
un tableau blanc

painting
une peinture

pupil
un élève

timetable
un horaire

lundi	mardi	mercredi	jeudi	vendredi
le français	l'histoire	la géographie	les maths	les maths
les maths	le dessin	l'histoire	les sciences	le dessin
le dessin	les sciences	le dessin	le français	l'histoire
l'histoire	l'anglais	le français	l'anglais	la géographie
l'anglais	la musique	l'anglais	la musique	la musique
les sciences		l'informatique	l'informatique	l'éducation physique
		l'éducation physique		

YOU COULD SAY ...

Could you repeat that, please, I don't understand! *Peux-tu répéter s'il te plaît, je ne comprends pas!*

Which page are we on?
A quelle page sommes-nous?

I've lost my pen! *J'ai perdu mon stylo!*

Which subject do you like best?
Quelle est ta matière préférée?

I prefer maths lessons to English lessons.
Je préfère les cours de maths aux cours d'anglais.

I know the answer! *Je connais la réponse!*

Quiet, please! *Silence s'il vous plaît!*

Is it time to go home yet?
Est-ce l'heure de rentrer?

I've left my schoolbag on the playing field. *J'ai oublié mon sac d'école sur le terrain de jeux.*

Was that the bell?
As-tu entendu la sonnerie?

Oh no, not another spelling test! *Ah non, pas encore un autre examen d'orthographe!*

Family relationships

aunt
la tante

uncle
l'oncle

best man
le témoin

town hall
l'Hôtel de Ville

groom
le marié

mother
la mère

glasses
des lunettes

baby
le bébé

waistcoat
un gilet

cravat
une cravate

brige
la mariée

veil
un voile

wedding bouquet
le bouquet de la mariée

wedding dress
une robe de mariée

camera
un appareil photo

bridesmaid
la demoiselle d'honneur

photographer
un photographe

Les relations familiales

father
le père

grandfather
le grand-père

grandmother
la grand-mère

great aunt
la grand-tante

twins
des jumeaux

Doesn't the bride look beautiful? *Ne trouvez-vous pas que la mariée est ravissante?*

Is that your stepfather?
C'est bien ton beau-père?

The best man is the groom's brother.
Le témoin est le frère du marié.

How many brothers and sisters do you have? *Combien de frères et soeurs as-tu?*

They are now husband and wife!
Ils sont maintenant mari et femme!

He is my cousin. She is his cousin.
Lui, c'est mon cousin. Elle, c'est sa cousine.

The bridesmaid is the bride's niece. *La demoiselle d'honneur est la nièce de la mariée.*

Smile please! *Souriez s'il vous plaît!*

There are four generations of our family here today. *Il y a quatre générations de notre famille représentées aujourd'hui.*

I think that my father-in-law has had too much to drink!
Je crois que mon beau-père a trop bu!

My stepmother and stepsister are over there.
Ma belle-mère et ma belle-soeur sont là-bas.

My Uncle David is my mother's brother.
Mon Oncle David est le frère de ma mère.

The bride's aunt caught the wedding bouquet!
La tante de la mariée a attrapé le bouquet!

The newsagent
Le marchant de journaux

beer
de la bière

toys
des jouets

newsagent
un marchand de journaux

wine
du vin

cash register
une caisse enregistreuse

magazine
une revue illustrée

postcard
une carte postale

greetings card
une carte de vœux

ice cream
une glace

money
de l'argent

crisps
des chips

chocolate
du chocolat

shopping basket
un panier à commissions

newspaper
le journal

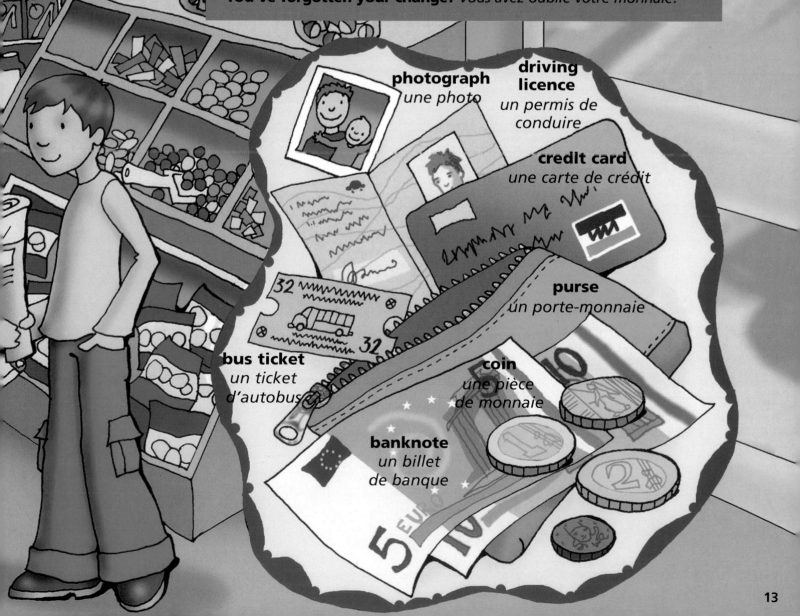

YOU COULD SAY ...

How much do I owe you please? *Je vous dois combien s'il vous plaît?*

Do you sell comics here?
Est-ce que vous vendez des bandes dessinées ici?

I think I'll buy some crisps and chocolate.
Je crois que je vais acheter des chips et du chocolat.

I need to buy a newspaper for my mother.
Il faut que j'achète un journal pour ma mère.

Will you help me to choose a birthday card for my sister?
Veux-tu m'aider à choisir une carte d'anniversaire pour ma soeur?

Have you got the latest football magazine in yet?
Avez-vous reçu la dernière revue de foot?

I don't have enough money to buy the chocolate and the ice cream! *Je n'ai pas assez d'argent pour acheter le chocolat et la glace!*

I need to buy a stamp for my postcard.
Il faut que j'achète un timbre pour ma carte postale.

How much pocket money do you get?
Combien d'argent de poche reçois-tu?

You've forgotten your change! *Vous avez oublié votre monnaie!*

cold drinks
des boissons fraîches

confectionery
des bonbons

photograph
une photo

driving licence
un permis de conduire

credit card
une carte de crédit

purse
un porte-monnaie

bus ticket
un ticket d'autobus

coin
une pièce de monnaie

banknote
un billet de banque

13

Directions *Les directions*

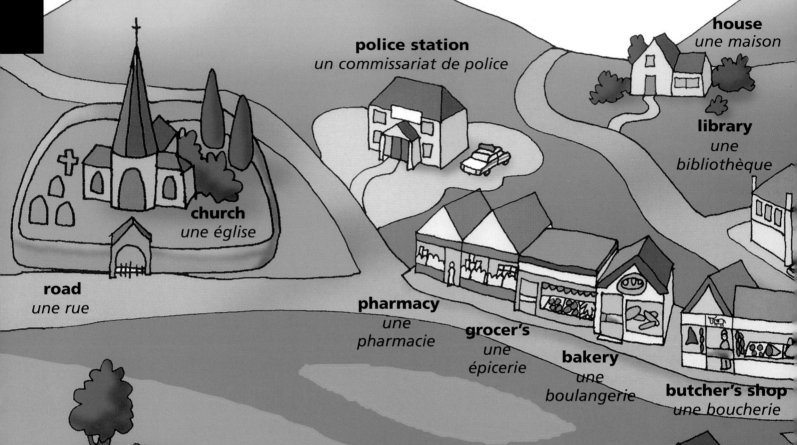

house
une maison

police station
un commissariat de police

library
une bibliothèque

church
une église

road
une rue

pharmacy
une pharmacie

grocer's
une épicerie

bakery
une boulangerie

butcher's shop
une boucherie

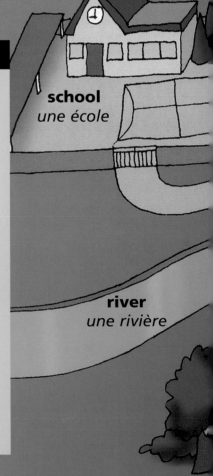

school
une école

river
une rivière

YOU COULD SAY ...

Turn left. *Tournez à gauche.*
Turn right. *Tournez à droite.*
Go straight on. *Allez tout droit.*
How do I get to the police station? *Pour aller au commissariat de police?*
It's not far from here.
Ce n'est pas loin d'ici.
Go straight on and it's the third road on the left. *Allez tout droit. et c'est la troisième route à gauche.*
Could you direct me to the town hall please?
Pouvez-vous m'indiquer le chemin pour aller à l'Hôtel de Ville s'il vous plaît?
How long will it take me to walk there? *À pied, ça me prendra combien de temps?*

I'm lost! *Je suis perdu!*
Where could I find a pharmacy?
Où y a-t-il une pharmacie?
Go past the church, over the bridge and it's the house facing you.
Après l'èglise, traversez le pont et c'est la première maison en face.
It's on the corner of River Street and Market Road. *C'est au coin de River Street et Market Road.*
I can't find the post office.
Je ne peux pas trouver la poste.
You'll have to cross the road to get to the library.
Il faut traverser la rue pour arriver à la bibliothèque.
This is a one-way street.
C'est une rue à sens unique.

traffic light
un feu rouge

hotel
un hôtel

town centre
le centre ville

petrol station
une station d'essence

pavement
un trottoir

pedestrian crossing
un passage pour piétons

post office
la poste

hospital
un hôpital

market
un marché

factory
une usine

bridge
un pont

swimming pool
une piscine

15

Swimming *La natation*

spectators
des spectateurs

whistle
un sifflet

diving board
un plongeoir

lifeguard
un maître nageur

ball
un ballon

swimming hat
un bonnet de bain

float
un flotteur

waterslide
un toboggan à eau

armband
un flotteur gonflable

swimming costume
un maillot de bain

rubber ring
une bouée

cubicle
une cabine

towel
un linge

locker
un casier

locker key
une clé du casier

short-sleeved shirt
une chemise à manches courtes

swimming trunks
un caleçon de bain

comb
un peigne

flip-flops
des schlaps

shorts
des shorts

inflatable toy
un jouet gonflable

baby pool
une pataugeoire

YOU COULD SAY ...

Do I need a token for the locker? *Est-ce-que j'ai besoin d'un jeton pour le casier?*

Can you swim? *Sais-tu nager?*

I'm too scared to go down the water slide! *J'ai trop peur de descendre le toboggan à eau!*

I've forgotten my armbands! *J'ai oublié mes flotteurs gonflables!*

Shall we have a race? *On fait la course?*

Hey! Boys only in this changing room! *Hé! Seulement les garçons dans ces vestiaires!*

How deep is it at this end? *Quelle est la profondeur de l'eau à cet endroit?*

You're not allowed to jump in. *Tu n'as pas le droit de plonger.*

The pool is lovely and warm. *L'eau est bonne et chaude.*

Help, I'm drowning! *Au secours, je me noie!*

What's your best swimming stoke? Breast stroke? Front crawl? Butterfly? Backstroke? *Quel est ton meilleur style de nage? La brasse? Le crawl sur le ventre? La nage papillon? Le dos crawlé?*

Stop splashing me! *Arrête de m'éclabousser!*

Don't go out of your depth! *Ne va pas où tu n'as pas ton fond!*

Sleepover
Découcher

poster
un poster

bed
un lit

pillow
un coussin

stereo
une stéréo

duvet
un duvet

cat
un chat

beanbag
un pouf

YOU COULD SAY ...

I haven't got a clean T-shirt to wear! *Je n'ai pas de T-shirt propre à porter!*

What shall I wear today? *Qu'est-ce que je vais mettre aujourd'hui?*

I can't find anything in this room! *Je ne trouve rien dans cette chambre!*

Which CD would you like to listen to? *Quel CD veux-tu écouter?*

Turn your music down, it's far too loud! *Baisse le volume, c'est beaucoup trop fort!*

Have you got a big bedroom? Mine's quite small! *Ta chambre est-elle grande? La mienne est bien petite!*

Can I have my friends to a sleepover tomorrow? *Puis-je inviter mes amies à dormir demain soir?*

I don't want to go to sleep yet! *Je ne veux pas encore aller dormir!*

Do you like my posters? *Aimes-tu mes posters?*

Please tidy your room – now! *Range ta chambre – maintenant!*

curtain
un rideau

fairy lights
*une guirlande
de loupiottes*

best friend
*la meilleure
amie*

wardrobe
une armoire

dressing
gown
*une robe
de
chambre*

pyjamas
*un
pyjama*

money
box
*une
crousille*

photo
frame
*un cadre
photo*

lamp
une lampe

diary
mon journal

necklace
un collier

alarm clock
un réveil

rug
une moquette

slippers
des pantoufles

19

Bathtime
L'heure du bain

cabinet
une petite armoire à tiroirs et rayons

toothbrush
une brosse à dents

toothpaste
de la pâte dentifrice

towel rail
un porte-serviettes

soap
du savon

cotton wool balls
de l'ouate

washbasin
un lavabo

toilet
les toilettes

towel
un linge

bathroom scales
une balance

potty
un pot

shower
*une
douche*

YOU COULD SAY ...

Shall I have a bath or a shower? *Devrais-je prendre un bain ou une douche?*

The door's locked, you can't come in! *La porte est fermée à clé, tu ne peux pas entrer!*

I like to have a long soak in the bath. *J'aime bien prendre un long bain.*

Don't forget to clean your teeth! *N'oublie pas de te laver les dents!*

I don't need another bath, I had one last week! *Je n'ai pas besoin d'un autre bain, j'en ai pris un la semaine dernière!*

Mind you don't slip! *Attention de ne pas glisser!*

Hurry up in there, I need the toilet! *Dépêche-toi, j'ai besoin d'aller aux toilettes!*

I need more bubbles in here! *J'ai besoin de plus de bulles!*

We've run out of toothpaste. *On n'a plus de pâte dentifrice.*

Ouch! The water's too hot! *Aïe! L'eau est trop chaude!*

I'm going to wash my hair. *Je vais me laver les cheveux.*

I don't like getting water in my eyes! *Je n'aime pas recevoir de l'eau dans les yeux!*

tap
un robinet

boat
un bâteau

bubble bath
du bain moussant

shower curtain
un rideau de douche

sponge
une éponge

bathmat
un tapis de douche

bath
une baignoire

Breakfast *Le petit déjeuner*

cookbook
un livre de cuisine

microwave
un four micro-ondes

kettle
une bouilloire

saucepan
une casserole

apron
un tablier

frying pan
une poêle

cupboard
un placard

oven
un four

butter
du beurre

bread
du pain

waste bin
une poubelle

dog
un chien

dog bowl
un bol à chien

jug of milk
un pot de lait

cereal
des céréales

spoon
une cuillère

glass
un verre

stove top
une plaque chauffante

plate
une assiette

dish
un plat

knife
un couteau

fork
une fourchette

dish towel
un linge à vaisselle

sink
un évier

YOU COULD SAY ...

What's for breakfast, I'm starving?
Qu'y a-t-il à déjeuner? Je meurs de faim!

What time is dinner?
À quelle heure dîne-t-on?

It's your turn to do the washing up!
C'est ton tour de faire la vaisselle!

I can smell something burning!
Je sens quelque chose qui brûle!

What food do you like best?
Quel est ton plat préféré?

It's nice and warm in the kitchen!
Il fait bien chaud dans la cuisine!

I need to turn on the oven first.
Il faut d'abord que j'allume le four.

Don't drink all the milk, please, that's all we have left! *Ne bois pas tout le lait, s'il te plaît, c'est tout ce qui reste!*

Could you lay the table, please?
Peux-tu mettre la table, s'il te plaît?

Would you like some cereal?
Veux-tu des céréales?

Which ingredients do you need for that recipe? *De quels ingrédients as-tu besoin pour cette recette?*

23

Sport *Le sport*

gymnastics
la gymnastique

tennis
le tennis

soccer
le foot

skiing
le ski

horse-riding
l'équitation

sailing
la voile

cricket
le cricket

rugby
le rugby

swimming
la natation

motorcycling
la moto

baseball
le baseball

golf
le golf

24

I'm better at cricket than at soccer.
Je sais mieux jouer au cricket qu'au foot.
My preferred sport is cycling.
Mon sport préféré est le cyclisme.
I'm not very good at swimming.
Je ne nage pas très bien.
I like to watch motor racing on the television. *J'aime bien regarder les courses de voitures à la télé.*
They always make us play sport at school and I hate it! *Ils nous font toujours faire du sport à l'école et je déteste ça!*

Would you like to go sailing with me?
Voudrais-tu faire de la voile avec moi?
I'm taking golf lessons.
Je prends des cours de golf.
Exercise is very good for you.
L'exercice physique est très bon pour la santé.
Rugby is much better than cricket!
Le rugby, c'est beaucoup mieux que le cricket.
I don't like playing tennis because I never win!
Je n'aime pas jouer au tennis parce que je ne gagne jamais!

skating
le patinage

cycling
le cyclisme

jogging
le jogging

table tennis
le ping-pong

archery
le tir à l'arc

basketball
le basketball

motor racing
les courses automobiles

hurdles
la course d'obstacles

boxing
la boxe

Soccer *Le football*

terraces
les gradins

flag
un drapeau

goalkeeper
un gardien de but

striker
un buteur

pitch
le terrain

supporters
les supporters

ball
un ballon

head
la tête

elbow
le coude

referee
un arbitre

shirt
le maillot

shorts
le culotte

knee
le genou

shin pad
une jambière

defender
n défenseur

sock
la chaussette

boots
les souliers

YOU COULD SAY ...

What's the score? *Quel est le score?*
That was a foul! *C'était une faute!*
Who's winning? *Qui gagne?*
Are you blind, ref? *Es-tu aveugle, l'arbitre?*
Come on! *Allez-y!* **Nice one!** *C'est bien!*
Pass the ball. *Passe le ballon.*
It's a goal! *Goal!*

It's offside! *Hors-jeu!*
I hope they'll do better in the second half. *J'espère qu'ils s'améliorent pendant la seconde mi-temps.*
I'm meeting a friend at half-time. *Je rencontre un ami à la mi-temps.*
We won! *On a gagné!*

Party time
La surprise-partie

headphones
un casque

DJ
le DJ

deck
une platine

T-shirt
un T-shirt

soft drink
une boisson

skirt
une jupe

boy
un garçon

belt
une ceinture

boots
des bottines

girl
une fille

table
une table

dance floor
une piste de danse

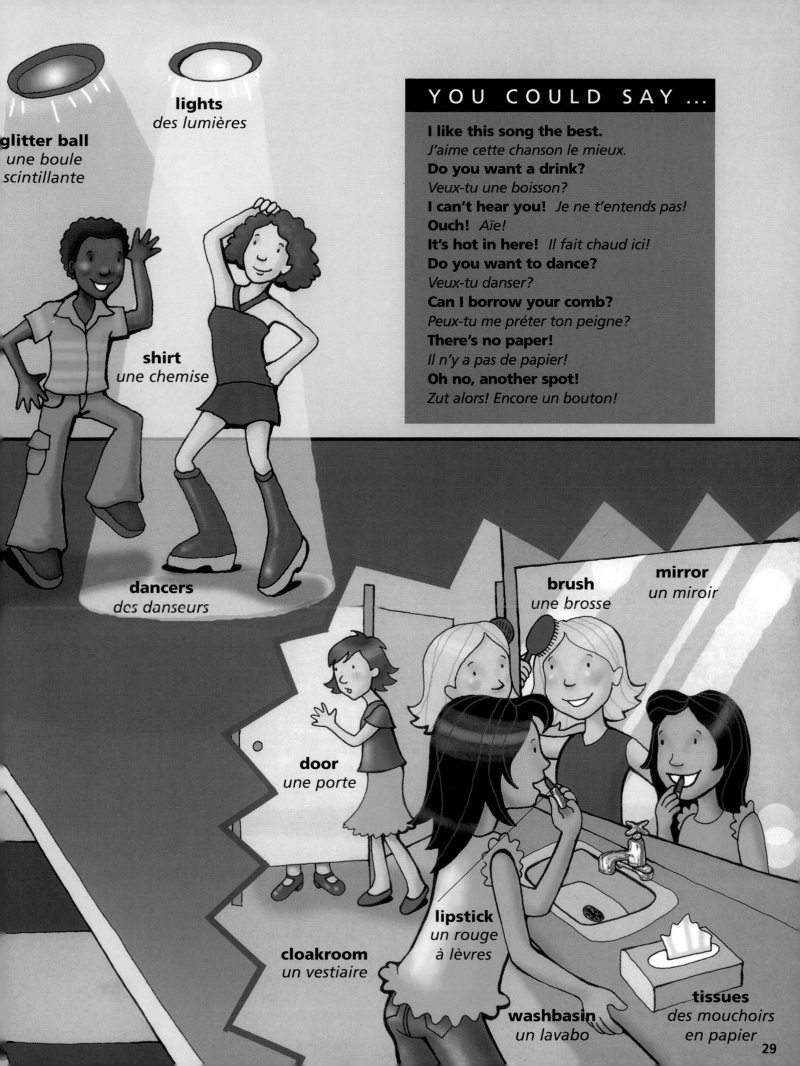

glitter ball
une boule scintillante

lights
des lumières

shirt
une chemise

dancers
des danseurs

I like this song the best.
J'aime cette chanson le mieux.
Do you want a drink?
Veux-tu une boisson?
I can't hear you! *Je ne t'entends pas!*
Ouch! *Aïe!*
It's hot in here! *Il fait chaud ici!*
Do you want to dance?
Veux-tu danser?
Can I borrow your comb?
Peux-tu me préter ton peigne?
There's no paper!
Il n'y a pas de papier!
Oh no, another spot!
Zut alors! Encore un bouton!

brush
une brosse

mirror
un miroir

door
une porte

lipstick
un rouge à lèvres

cloakroom
un vestiaire

washbasin
un lavabo

tissues
des mouchoirs en papier

29

In the countryside
À la campagne

sky
le ciel

bird
un oiseau

farmhouse
une ferme

path
un chemin

tree
un arbre

hedge
un buisson

tractor
un tracteur

hill
une colline

fence
une clôture

gate
un portail

bridge
un pont

sheep
des moutons

cows
des vaches

duck
un canard

river
une rivière

squirrel
un écureuil

flower
une fleur

rabbit
un lapin

cake
du gâteau

binoculars
des jumelles

backpack
*un sac
à dos*

fruit juice
jus de fruits

blanket
*une
couverture*

map
une carte

sandwiches
des sandwiches

salad
une salade

horse
un cheval

field
un champ

rowing boat
*un bateau
à rames*

YOU COULD SAY ...

Shall we go for a walk? *On va se promener?*
What kind of bird is that?
Quel genre d'oiseau est-ce?
What a lovely view! *Quelle vue magnifique!*
Pooh! What's that smell?
Pfoui! Quelle est cette odeur?
Shall we cross the bridge and look at the river? *Veux-tu qu'on traverse le pont et qu'on regarde la rivière?*
Have you brought some food for the ducks? *As-tu apporté de la nourriture pour les canards?*
We're lost! *Nous sommes perdus!*
I thought you could read a map!
Je croyais que tu savais lire une carte!
My feet hurt! *J'ai mal aux pieds!*
Is it far now? *Est-ce que c'est encore loin?*
There are ants in the sandwiches!
Il y a des fourmis dans les sandwiches!

Horse riding
L'équitation

stable
une écurie

rake
un râteau

horse manure
le crottin de cheval

riding hat
une bombe

saddle
une selle

stirrup
un étrier

lead rein
un guide

riding boot
une botte d'équitation

hacking jacket
une veste de cheval d'équitation

riding instructor
une maître d'équitation

YOU COULD SAY ...

Do you like horse riding?
Aimes-tu faire de l'équitation?
Which pony am I riding today?
Quel cheval vais-je monter aujourd'hui?
I'd like to go faster please.
J'aimerais aller plus vite s'il vous plaît.
Help, I'm going to fall off!
Au secours, je vais tomber!
Rising trot, girls! Up down! Up, down! *Levez le trot Mesdemoiselles! Levez, baissez! Levez, baissez!*

We're going to do trotting today.
Aujourd'hui nous irons au trot.
My foot's come out of my stirrup!
Mon pied est sorti de l'étrier!
Do you prefer to trot or canter?
Préfères-tu trotter ou galoper?
Could you muck out the horses, please? *Pourrais-tu s'il te plaît décrotter les chevaux?*
Woah! *Ohh!*
Walk on! *En avant, marche!*

paddock fence
un enclos

riding crop
une cravache

horse
un cheval

straw
de la paille

bridle
une bride

rein
une rêne

ear
l'oreille

nose
le naseau

eye
l'oeil

mane
la crinière

tail
la queue

neck
le cou

mouth
la bouche

back
le dos

knee
le genou

hoof
le sabot

The skatepark
La piste de patinage

frame
un cadre

halfpipe
un halfpipe

BMX
un BMX

helmet
un casque

elbow pad
une coudière

dirt jump
une bosse pour le saut

ramp
une rampe halfpipe BMX

long-sleeved top
un T-shirt à manches

glove
un gant

handlebars
le guidon

brakes
des freins

knee pad
une genouillère

spoke
un rayon

trousers
des pantalons

stunt peg
un repose pied

trainers
des baskets

wheel
une roue

chain
une chaîne

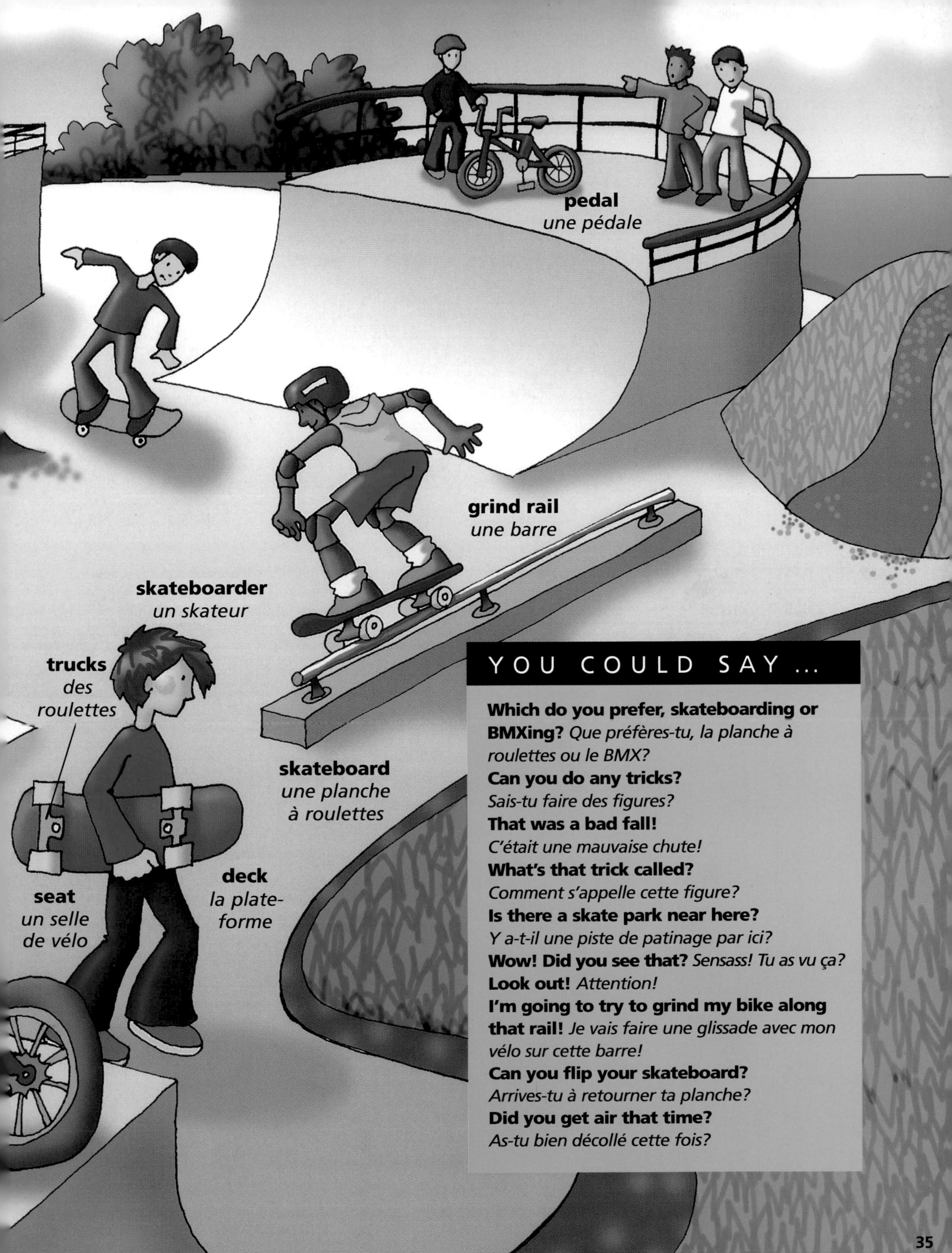

pedal
une pédale
grind rail
une barre
skateboarder
un skateur
trucks
des roulettes
skateboard
une planche à roulettes
deck
la plate-forme
seat
un selle de vélo

YOU COULD SAY ...

Which do you prefer, skateboarding or BMXing? *Que préfères-tu, la planche à roulettes ou le BMX?*
Can you do any tricks? *Sais-tu faire des figures?*
That was a bad fall! *C'était une mauvaise chute!*
What's that trick called? *Comment s'appelle cette figure?*
Is there a skate park near here? *Y a-t-il une piste de patinage par ici?*
Wow! Did you see that? *Sensass! Tu as vu ça?*
Look out! *Attention!*
I'm going to try to grind my bike along that rail! *Je vais faire une glissade avec mon vélo sur cette barre!*
Can you flip your skateboard? *Arrives-tu à retourner ta planche?*
Did you get air that time? *As-tu bien décollé cette fois?*

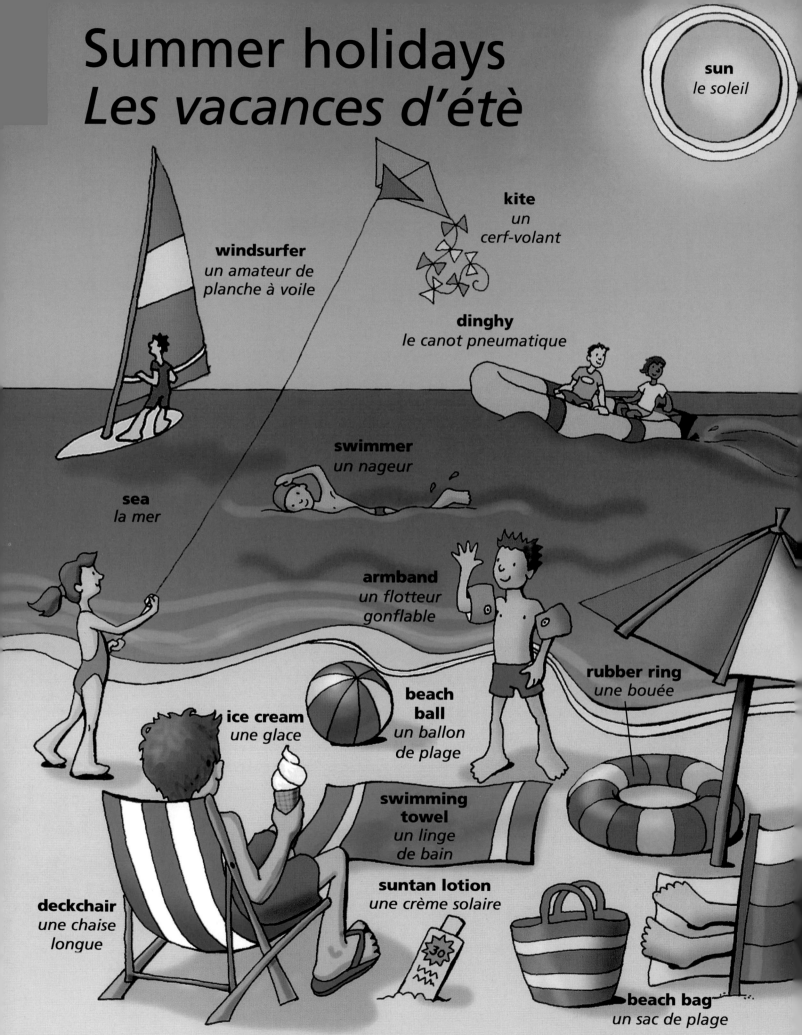

Summer holidays
Les vacances d'étè

sun
le soleil

kite
un cerf-volant

windsurfer
un amateur de planche à voile

dinghy
le canot pneumatique

swimmer
un nageur

sea
la mer

armband
un flotteur gonflable

rubber ring
une bouée

beach ball
un ballon de plage

ice cream
une glace

swimming towel
un linge de bain

deckchair
une chaise longue

suntan lotion
une crème solaire

beach bag
un sac de plage

seagull
une mouette

fish
un poisson

YOU COULD SAY ...

Shall we go for a swim? *On va se baigner?*
I'm going to build the biggest sandcastle in the world!
Je vais construire le plus grand château de sable du monde!
The sky is very blue and there are no clouds to be seen.
Le ciel est très bleu et il n'y a aucun nuage.
Don't forget to put on your suncream!
N'oublie pas de mettre ta crème solaire!
Look! That seagull just caught a fish. *Regarde! Cette mouette vient juste d'attraper un poisson.*
Can I have another ice cream please? *Puis-je avoir une autre glace s'il te plaît?*
I've got sand in my shorts. *J'ai du sable dans mes shorts.*
My ice cream is melting! *Ma glace est en train de fondre!*
Quick, the tide's coming in! *Vite, la marée monte!*

water-skier
une skieuse nautique

sunglasses
des lunettes de soleil

beach umbrella
un parasol

windmill
un tourniquet

sunhat
un chapeau

sea shell
un coquillage

swimming costume
un maillot de bain

bucket
un seau

sandcastle
un château de sable

windbreak
un coupe vent

spade
une pelle

starfish
une étoile de mer

Winter holidays
Les vacances d'hiver

mountain
une montagne

fir tree
un sapin

hotel
un hôtel

chalet
un chalet

snowboarder
une snowboarder

snowboard
un snowboard

snow
la neige

ski instructor
un moniteur de ski

sledge
une luge

snowballs
des boules de neige

I need to take some skiing lessons.
J'ai besoin de prendre des cours de ski.
Where is the ski lift? *Où est le télésiège?*
**Those two are going to crash if they're
not careful!** *Ces deux skieurs vont entrer en
collision s'ils ne font pas attention!*
That run looks very dangerous!
Cette piste a l'air très dangereuse!
Shall we build a snowman?
Veux-tu faire un bonhomme de neige?

How well can you ski? *Sais-tu bien skier?*
It's very sunny on the slopes today. *Il y a
beaucoup de soleil sur les pistes aujourd'hui.*
My little brother is at ski school.
Mon petit frère est à l'école de ski.
He's better than you! *Il est meilleur que toi!*
I've broken my leg!
Je me suis cassé la jambe!
I'm going to try the black run tomorrow.
Demain, je vais essayer la piste noire.

cable car
un télésiège

ski goggles
*des lunettes
de ski*

**marker
poles**
*les piquets
de portes*

ski slope
*une piste
de ski*

skier
un skieur

snowman
*un bonhomme
de neige*

gloves
des gants

snow suit
*une
combinaison
de ski*

scarf
*une
écharpe*

hat
*un
bonnet*

poles
*des bâtons
de ski*

skis
des skis

ski boots
des bottes de ski

39

Fancy dress competition

judge
un juge

pointed hat
un chapeau pointu

witch
une sorcière

cat
une chatte

blond hair
des cheveux blonds

fairy
une fée

wings
des ailes

pirate
un pirate

eye patch
un cache-œil

crown
une couronne

prize cup
la coupe

parrot
un perroquet

king
un roi

stage
une scène

tail
une queue

YOU COULD SAY ...

There's a prize for the winner! *Il y a un prix pour le gagnant!*

The black cat seems to have lots of blond hair!
Il semble que le chat noir a beaucoup de poils blonds!

The witch has only got a small nose, I thought witches had big noses!
Cette sorcière a seulement un petit nez, je pensais que les sorcières avaient de grands nez!

The cat looks much taller than the pirate!
Le chat a l'air beaucoup plus grand que le pirate!

The fairy looks very pretty! *La fée est très jolie!*

Concours de costumes

antenna
une antenne

robot
un robot

red nose
un nez rouge

wizard
un magicien

wand
une baguette magique

cowboy
un cow-boy

mermaid
une sirène

giant
un géant

clown
un clown

scales
les écailles

gun
un pistolet

YOU COULD SAY ...

Look at the size of the clown's feet – they're huge!
Regarde les pieds du clown – leur taille est énorme!

He's too small to be a giant! *Il est trop petit pour être un géant!*

Oh dear, the little cowboy is crying! *Mince alors, le petit cow-boy pleure!*

The king's crown is too big for his head! *La couronne du roi est trop grande pour sa tête!*

The pirate looks very frightening! *Le pirate fait très peur!*

Who is dressed as a wizard? He looks very old like that!
Qui s'est déguisé en magicien? Il a l'air très vieux comme ça!

Space
L'espace

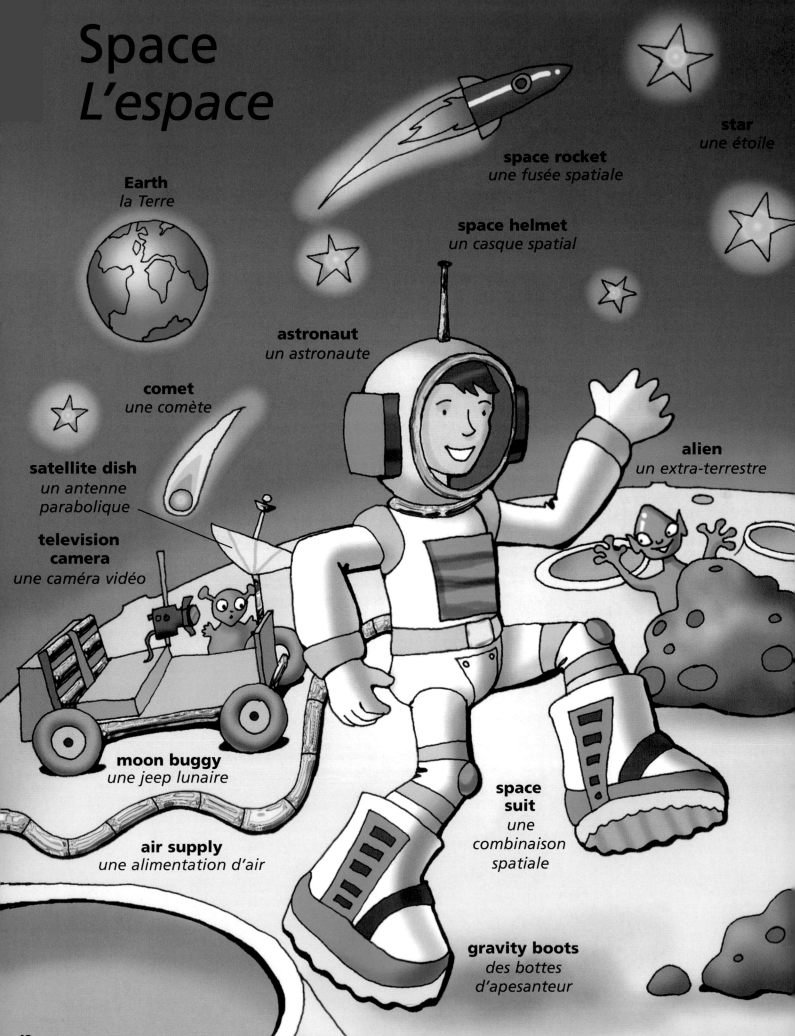

space rocket
une fusée spatiale

star
une étoile

Earth
la Terre

space helmet
un casque spatial

astronaut
un astronaute

comet
une comète

alien
un extra-terrestre

satellite dish
un antenne parabolique

television camera
une caméra vidéo

moon buggy
une jeep lunaire

space suit
une combinaison spatiale

air supply
une alimentation d'air

gravity boots
des bottes d'apesanteur

Ten, nine, eight, seven, six, five, four, three, two, one. We have lift-off! *Dix, neuf, huit, sept, six, cinq, quatre, trois, deux, un. Décollage!*

I want to be an astronaut when I grow up! *Quand je serai grand, je voudrais être astronaute!*

I'd like to see the launch of a rocket into space! *Je voudrais bien voir le lancement d'une fusée dans l'espace!*

There are eight planets in our Solar System: Mercury, Venus, Earth, Mars, Jupiter, Saturn, Uranus and Neptune. *Il y a huit planètes dans notre système solarie: Mercure, Vénus, la Terre, Mars, Jupiter, Saturne, Uranus et Neptune.*

It's very dangerous to look directly at the Sun! *Il est très dangereux de regarder le soleil à l'œil nu!*

What year did the first man land on the Moon? *En quelle année le premier homme a-t-il atterri sur la Lune?*

You can get a really good view of Mars through this telescope! *Tu peux vraiment avoir une bonne vue de Mars avec ce téléscope.*

I love you more than anyone in the whole universe! *Je t'aime plus que n'importe qui dans tout l'univers!*

The stars are shining very brightly tonight! *Les étoiles brillent beaucoup ce soir!*

Have you ever seen an alien? *As-tu jamais vu un extra-terrestre?*

spaceship
un vaisseau spatial

space shuttle
une navette spatiale

external fuel tank
un réservoir externe de carburant

service tower
une tour de lancement

rocket boosters
des accélérateurs

smoke
de la fumée

Moon
la Lune

flames
des flammes

At the cinema
Au cinéma

curtain
un rideau

film poster
une affiche de film

screen
un écran

ticket
un billet

ticket office
la caisse

seat
un siège

exit door
une sortie

waste bin
une poubelle

vinegar
du vinaigre

YOU COULD SAY ...

Which film should we go and see? *Quel film va-t-on voir?*

I prefer horror films. *Je préfère les films d'horreur.*

How long does the film last? *Combien de temps dure le film?*

Are you scared? *As-tu peur?*

Did you enjoy the film? *As-tu aimé le film?*

I nearly jumped out of my seat when the monster appeared! *J'ai presque sauté de mon siège quand le monstre est arrivé!*

Which film do you like best? *Quel est ton film préféré?*

I haven't laughed so much for ages. *Je n'ai pas autant rigolé depuis longtemps!*

Could I have a hamburger and fries please? *Puis-je avoir un hamburger et une portion de frites s'il vous plaît?*

How much is that? *Combien ça coûte?*

I would like a diet coke please. *Je voudrais un coca light s'il vous plaît.*

You'll explode if you eat any more! *Tu vas exploser si tu manges encore quelque chose!*

Communication
Communications

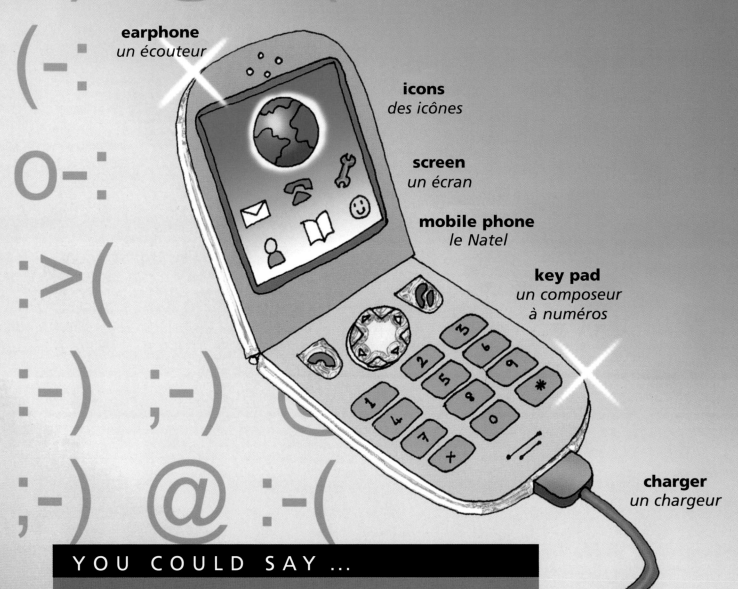

earphone
un écouteur

icons
des icônes

screen
un écran

mobile phone
le Natel

key pad
*un composeur
à numéros*

charger
un chargeur

YOU COULD SAY ...

**I will have to buy some
more credit.**
*Je dois réapprovisionner ma
carte de crédit.*

How does your phone work?
Comment ça marche?

**Can you play games on
yours?**
Peux-tu jouer avec le tien?

Are there any new messages?
Y a-t-il de nouveaux messages?

I'll send you a text tonight.
Je t'enverrai un sms ce soir.

I need to charge my phone.
Je dois recharger mon Natel.

His phone is switched off.
Son Natel est déconnecté.

**Oh no! My phone's battery
is dead.** *Mince! La batterie de
mon Natel est plate.*

I can't get a signal here.
Je ne reçois pas de signal ici.

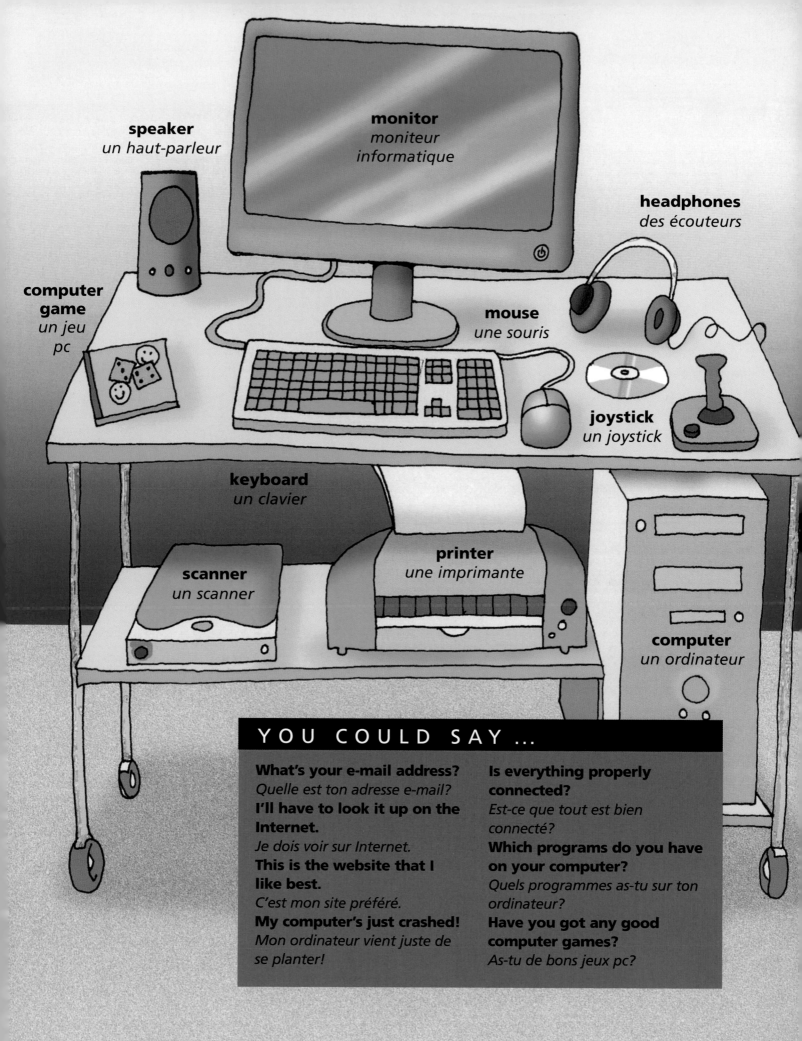

speaker
un haut-parleur

monitor
moniteur informatique

headphones
des écouteurs

computer game
un jeu pc

mouse
une souris

joystick
un joystick

keyboard
un clavier

scanner
un scanner

printer
une imprimante

computer
un ordinateur

YOU COULD SAY ...

What's your e-mail address?
Quelle est ton adresse e-mail?

I'll have to look it up on the Internet.
Je dois voir sur Internet.

This is the website that I like best.
C'est mon site préféré.

My computer's just crashed!
Mon ordinateur vient juste de se planter!

Is everything properly connected?
Est-ce que tout est bien connecté?

Which programs do you have on your computer?
Quels programmes as-tu sur ton ordinateur?

Have you got any good computer games?
As-tu de bons jeux pc?

The band
L'orchestre

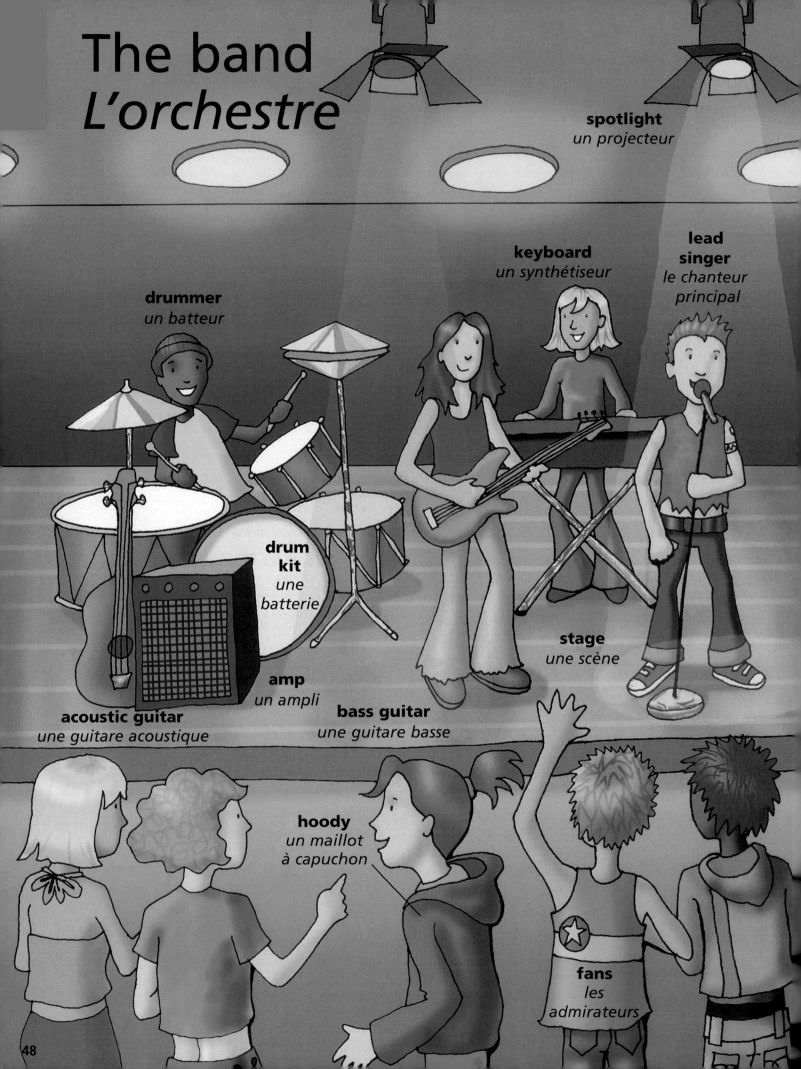

spotlight
un projecteur

keyboard
un synthétiseur

lead singer
le chanteur principal

drummer
un batteur

drum kit
une batterie

amp
un ampli

acoustic guitar
une guitare acoustique

bass guitar
une guitare basse

stage
une scène

hoody
un maillot à capuchon

fans
les admirateurs

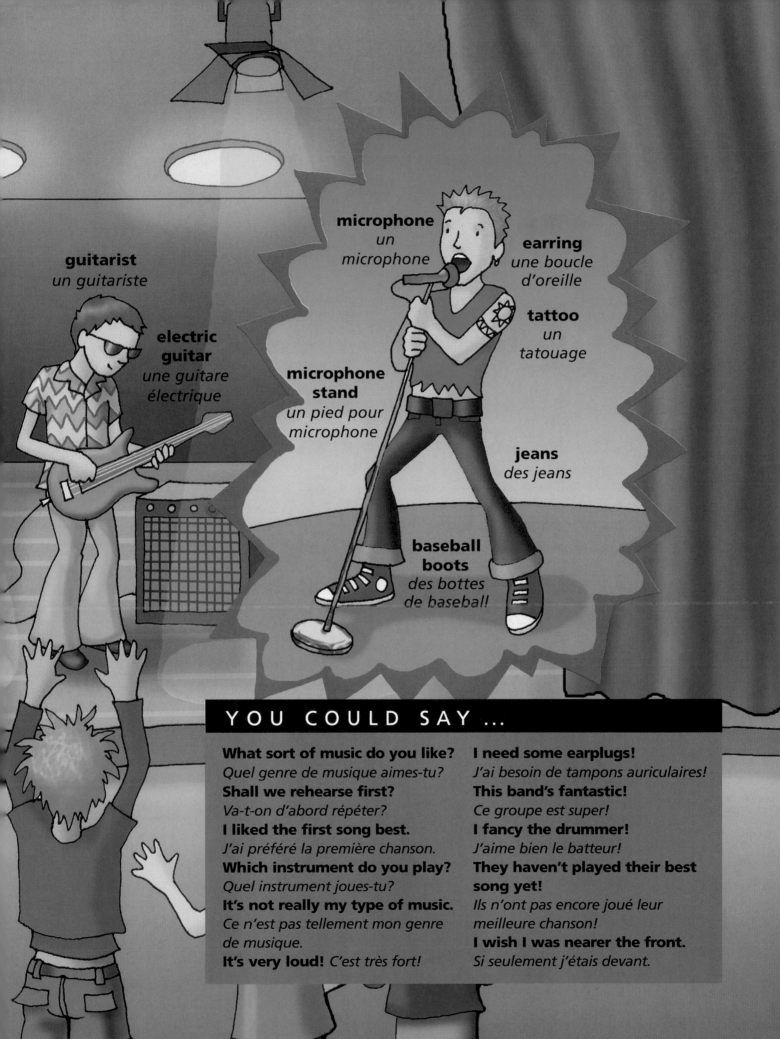

guitarist
un guitariste

electric guitar
une guitare électrique

microphone
un microphone

microphone stand
un pied pour microphone

earring
une boucle d'oreille

tattoo
un tatouage

jeans
des jeans

baseball boots
des bottes de baseball

YOU COULD SAY ...

What sort of music do you like?
Quel genre de musique aimes-tu?
Shall we rehearse first?
Va-t-on d'abord répéter?
I liked the first song best.
J'ai préféré la première chanson.
Which instrument do you play?
Quel instrument joues-tu?
It's not really my type of music.
Ce n'est pas tellement mon genre de musique.
It's very loud! *C'est très fort!*

I need some earplugs!
J'ai besoin de tampons auriculaires!
This band's fantastic!
Ce groupe est super!
I fancy the drummer!
J'aime bien le batteur!
They haven't played their best song yet!
Ils n'ont pas encore joué leur meilleure chanson!
I wish I was nearer the front.
Si seulement j'étais devant.

Vehicles
Les véhicules

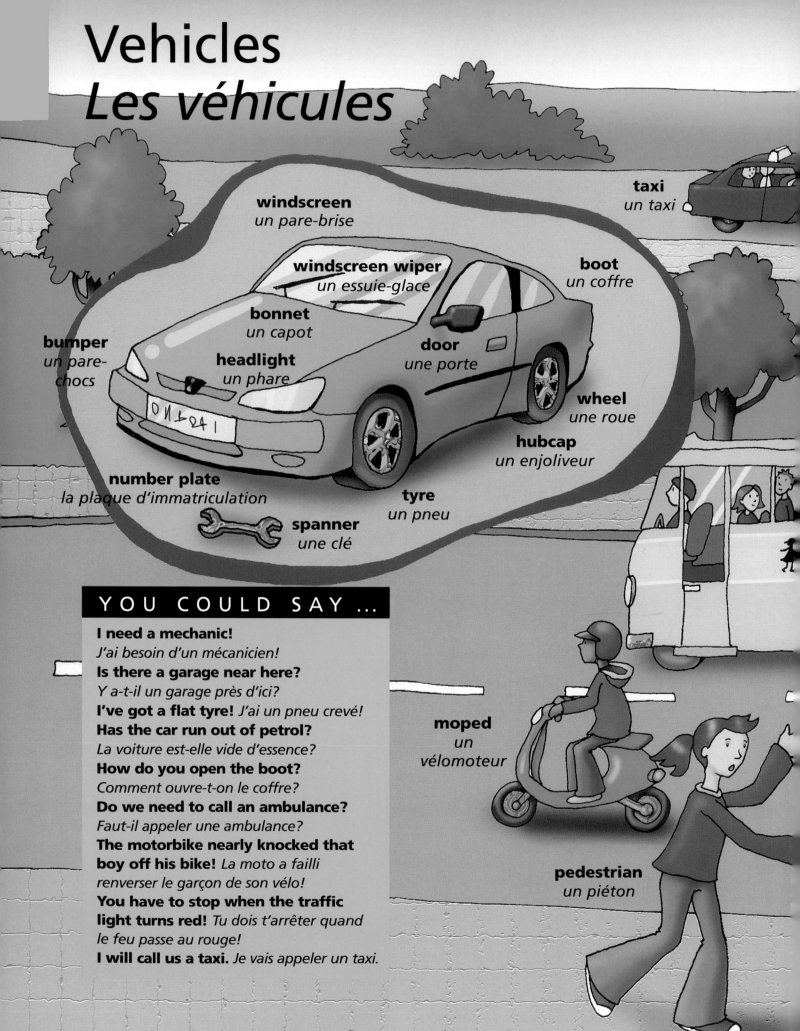

taxi
un taxi

windscreen
un pare-brise

windscreen wiper
un essuie-glace

boot
un coffre

bonnet
un capot

door
une porte

bumper
un pare-chocs

headlight
un phare

wheel
une roue

hubcap
un enjoliveur

number plate
la plaque d'immatriculation

tyre
un pneu

spanner
une clé

moped
un vélomoteur

pedestrian
un piéton

YOU COULD SAY ...

I need a mechanic!
J'ai besoin d'un mécanicien!
Is there a garage near here?
Y a-t-il un garage près d'ici?
I've got a flat tyre! *J'ai un pneu crevé!*
Has the car run out of petrol?
La voiture est-elle vide d'essence?
How do you open the boot?
Comment ouvre-t-on le coffre?
Do we need to call an ambulance?
Faut-il appeler une ambulance?
The motorbike nearly knocked that boy off his bike! *La moto a failli renverser le garçon de son vélo!*
You have to stop when the traffic light turns red! *Tu dois t'arrêter quand le feu passe au rouge!*
I will call us a taxi. *Je vais appeler un taxi.*

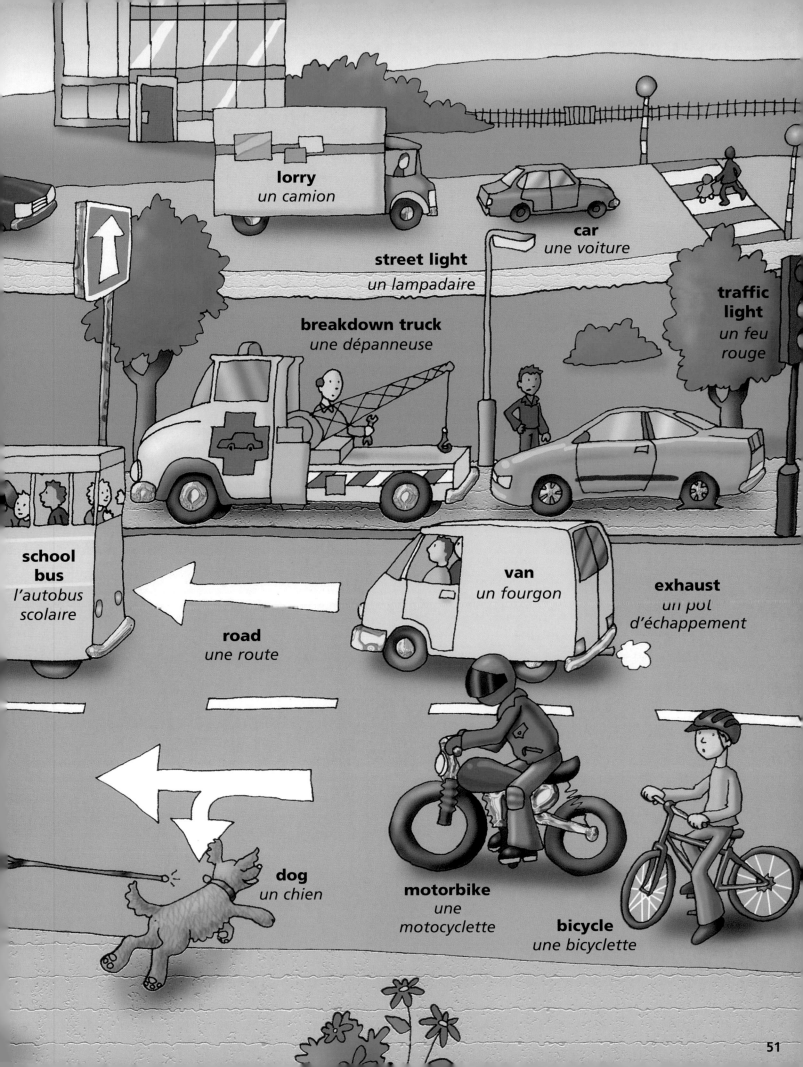

lorry
un camion

car
une voiture

street light
un lampadaire

traffic light
un feu rouge

breakdown truck
une dépanneuse

school bus
l'autobus scolaire

van
un fourgon

exhaust
un pot d'échappement

road
une route

dog
un chien

motorbike
une motocyclette

bicycle
une bicyclette

The supermarket

apple
une pomme

cans
des boîtes de conserves

sausages
des saucisses

meat counter
la boucherie

bakery counter
une boulangerie

bread
du pain

cucumbers
des concombres

cakes
des gâteaux

oranges
des oranges

broccoli
du brocoli

carrots
des carrottes

cookies
des biscuits

bananas
des bananes

shopping trolley
un caddie

cabbages
des choux

Le supermarché

YOU COULD SAY ...

This trolley won't drive straight! *Ce caddie ne roule pas tout droit!*

You have to weigh them yourself. *Tu dois les peser toi-même.*

Could I have 500g of Brie please? *Puis-je avoir 500g de Brie s'il vous plaît?*

You'll find the cereal next to the bakery counter. *Tu trouveras les céréales au comptoir de la boulangerie.*

Mmmm! Those cakes look delicious. *Mmmm! Ces gâteaux ont l'air délicieux.*

Do we need to buy any eggs this week? *Doit-on acheter des œufs cette semaine?*

Oh no, I've forgotten to buy any chocolate! *Zut, j'ai oublié d'acheter du chocolat!*

We need to get pork, chicken and ham at the butcher's counter. *Il faut qu'on prenne du porc, du poulet et du jambon au comptoir du boucher.*

Could you help me to pack my bags, please? *Pourrais-tu m'aider à emballer s'il te plaît?*

I hate shopping! *Je n'aime vraiment pas faire les courses!*

fish
du poisson

butter
du beurre

milk
du lait

magazines
des magazines

cheese
du fromage

cashier
une caissière

conveyor belt
un tapis roulant

receipt
un reçu

carrier bag
le cabas

shopping basket
un panier

handbag
un sac à main

53

At the park
Au parc

kite
un cerf-volant

trees
des arbres

swing
une balançoire

gate
une portail

fence
une barrière

pushchair
une poussette

slide
un toboggan

see-saw
une balance

roundabout
un tourniquet

park keeper
un gardien de parc

flowerbed
un lit de fleurs

ball
un ballon

flowers
des fleurs

squirrel
un écureuil

54

bicycle
une bicyclette

bench
un banc

wheelbarrow
une brouette

rake
un râteau

swans
des cygnes

fountain
une fontaine

pond
un étang

oars
des rames

pigeons
des pigeons

boat
un bateau

yacht
un yacht

ducks
des canards

The seasons
Les saisons

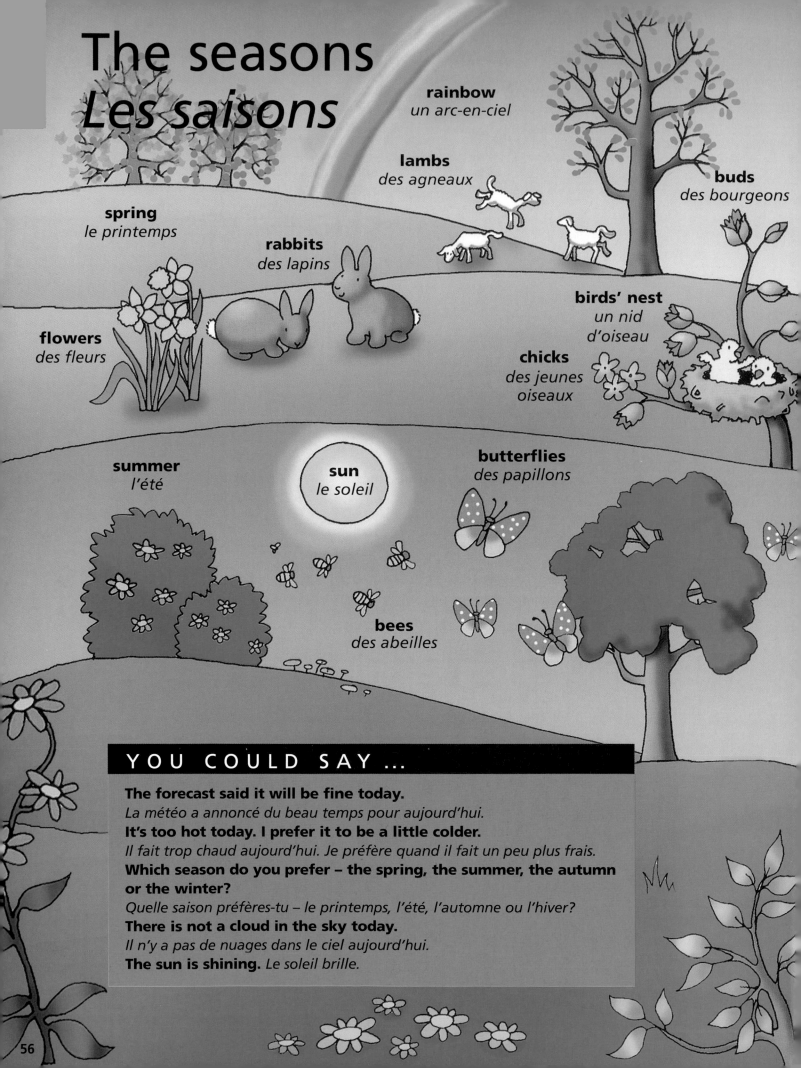

rainbow
un arc-en-ciel

lambs
des agneaux

buds
des bourgeons

spring
le printemps

rabbits
des lapins

birds' nest
un nid d'oiseau

flowers
des fleurs

chicks
des jeunes oiseaux

summer
l'été

sun
le soleil

butterflies
des papillons

bees
des abeilles

YOU COULD SAY ...

The forecast said it will be fine today.
La météo a annoncé du beau temps pour aujourd'hui.
It's too hot today. I prefer it to be a little colder.
Il fait trop chaud aujourd'hui. Je préfère quand il fait un peu plus frais.
Which season do you prefer – the spring, the summer, the autumn or the winter?
Quelle saison préfères-tu – le printemps, l'été, l'automne ou l'hiver?
There is not a cloud in the sky today.
Il n'y a pas de nuages dans le ciel aujourd'hui.
The sun is shining. *Le soleil brille.*

autumn
l'automne

clouds
des nuages

rain
la pluie

bonfire
*un feu
de camp*

leaves
des feuilles

winter
l'hiver

trees
des arbres

snow
la neige

snowman
*un bonhomme
de neige*

YOU COULD SAY ...

Are you afraid of thunder and lightning?
As-tu peur des éclairs et du tonnerre?
The roads will be covered in slippery ice in the morning.
Demain matin, les routes seront verglacées.
I'm staying inside today. It's freezing out there!
Je reste dedans aujourd'hui. Il gèle dehors!
The sky looks very grey today. *Le ciel est très gris aujourd'hui.*
You'd better take your umbrella in case it rains.
Tu devrais prendre ton parapluie au cas où il se mettrait à pleuvoir.
It's getting very foggy. *Il y a soudainement beaucoup de brouillard!*

snowballs
des boules de neige

Countries
Les pays

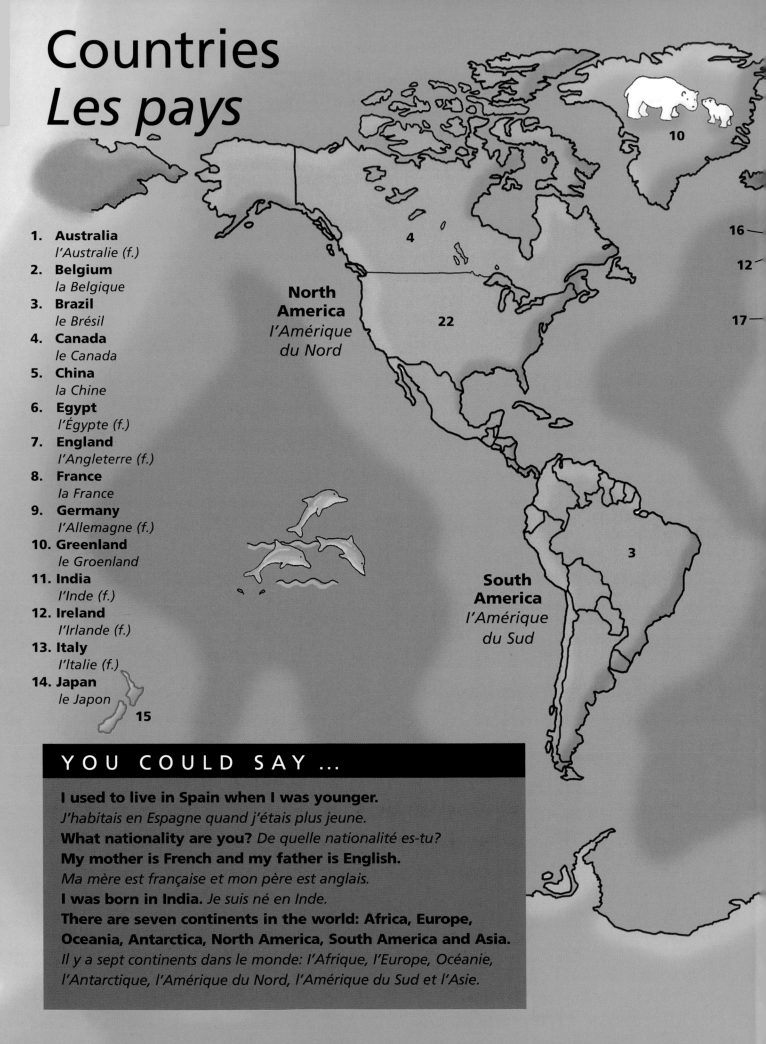

1. **Australia**
   l'Australie (f.)
2. **Belgium**
   la Belgique
3. **Brazil**
   le Brésil
4. **Canada**
   le Canada
5. **China**
   la Chine
6. **Egypt**
   l'Égypte (f.)
7. **England**
   l'Angleterre (f.)
8. **France**
   la France
9. **Germany**
   l'Allemagne (f.)
10. **Greenland**
    le Groenland
11. **India**
    l'Inde (f.)
12. **Ireland**
    l'Irlande (f.)
13. **Italy**
    l'Italie (f.)
14. **Japan**
    le Japon

North America
l'Amérique du Nord

South America
l'Amérique du Sud

YOU COULD SAY ...

I used to live in Spain when I was younger.
J'habitais en Espagne quand j'étais plus jeune.
What nationality are you? *De quelle nationalité es-tu?*
My mother is French and my father is English.
Ma mère est française et mon père est anglais.
I was born in India. *Je suis né en Inde.*
There are seven continents in the world: Africa, Europe, Oceania, Antarctica, North America, South America and Asia.
Il y a sept continents dans le monde: l'Afrique, l'Europe, Océanie, l'Antarctique, l'Amérique du Nord, l'Amérique du Sud et l'Asie.

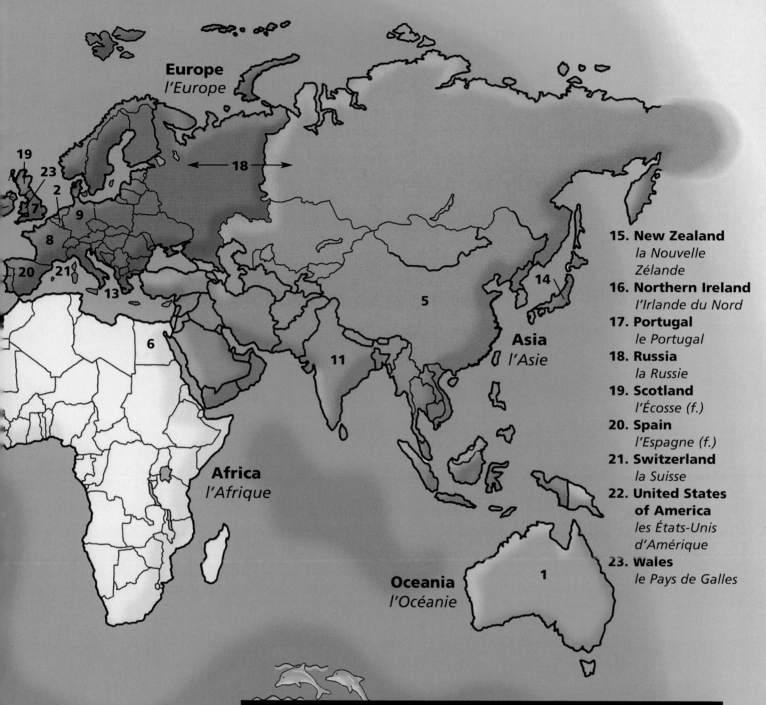

Europe
l'Europe

19

23

2

17

9

8

20

21

13

18

6

5

14

11

Asia
l'Asie

Africa
l'Afrique

Oceania
l'Océanie

1

15. **New Zealand**
    la Nouvelle Zélande
16. **Northern Ireland**
    l'Irlande du Nord
17. **Portugal**
    le Portugal
18. **Russia**
    la Russie
19. **Scotland**
    l'Écosse (f.)
20. **Spain**
    l'Espagne (f.)
21. **Switzerland**
    la Suisse
22. **United States of America**
    les États-Unis d'Amérique
23. **Wales**
    le Pays de Galles

Antarctica
l'Antarctique

YOU COULD SAY ...

I am going to the United States for my holiday.
Je vais en vacances aux États-Unis.
Which part of the United Kingdom do you come from?
De quelle région du Royaume-Uni viens-tu?
When I'm older I want to visit all the countries in Europe.
Quand je serais plus grand je voudrais visiter tous les pays d'Europe.
I'm sorry but I don't speak German or Russian!
Je suis désolé mais je ne parle ni l'allemand ni le russe!
Who do you think will win the football match? America or Spain? *À ton avis, qui va gagner le match de foot? Les États-Unis ou l'Espagne?*

ENGLISH–FRENCH DICTIONARY

acoustic guitar *une guitare acoustique*
Africa *l'Afrique*
alarm clock *un réveil*
alien *un extra-terrestre*
America *l'Amérique*
American football *le football américain*
apple *une pomme*
apron *un tablier*
archery *le tir à l'arc*
armband *un flotteur gonflable*
art *le dessin*
astronaut *un astronaute*
aunt *la tante*
Australia *l'Australie*
autumn *l'automne*

baby *le bébé*
back *le dos*
bakery *une boulangerie*
ball *un ballon*
banana *une banane*
bandage *un pansement*
banknote *un billet de banque*
baseball *le baseball*
bass guitar *une guitare basse*
bath *une baignoire*
bathmat *un tapis de douche*
battery *une batterie*
beachball *un ballon de plage*
beanbag *un pouf*
bed *un lit*
beer *une bière*
bee *une abeille*
Belgium *la Belgique*
belt *une ceinture*
bench *un banc*
bicycle *une bicyclette*
binoculars *des jumelles*
bird *un oiseau*
biscuit *un biscuit*
blanket *une couverture*
boat *un bateau*
bonfire *un feu de camp*
bonnet *un capot*
book *un livre*
boot *un coffre*
boy *un garçon*
Brazil *le Brésil*
bread *du pain*
bride *la mariée*
bridge *un pont*
brush *une brosse*

bucket *un seau*
bud *un bourgeon*
butcher *la boucherie*
butter *du beurre (m.)*
butterfly *un papillon*

cake *un gâteau*
camera *un appareil photo*
Canada *le Canada*
car *une voiture*
cash register *une caisse enregistreuse*
cat *un chat*
cereal *des céréales (f.)*
chair *une chaise*
chalet *un chalet*
chalk *une craie*
cheese *du fromage (m.)*
China *la Chine*
chips *des frites (f.)*
chocolate *du chocolat (m.)*
church *l'église (f.)*
clock *une horloge*
cloud *un nuage*
clown *un clown*
coin *la pièce de monnaie*
coke *un coca*
confectionery *des bonbons (m.)*
comb *un peigne*
comet *une comète*
computer *un ordinateur*
cookbook *un livre de cuisine*
cookie *un biscuit*
cotton wool balls *de l'ouate*
counter *un comptoir*
cow *une vache*
cowboy *un cow-boy*
credit card *la carte de crédit*
cricket *le cricket*
crisps *des chips (m.)*
crown *une couronne*
crutches *des béquilles (f.)*
cubicle *une cabine*
cucumber *un concombre*
cupboard *un placard*
curtain *un rideau*

deckchair *une chaise longue*
desk *un bureau*
diary *mon journal*
dish *un plat*
dish towel *un linge à vaisselle*
diving board *un plongeoir*

DICTIONNAIRE ANGLAIS–FRANÇAIS

doctor un médecin
dog un chien
drink une boisson
driving licence le permis de conduire
drugstore la droguerie
drummer un batteur
duck un canard
duvet un duvet

ear l'oreille
Earth la Terre
egg un œuf
Egypt l'Egypte
elbow le coude
electric guitar une guitare électrique
England l'Angleterre
eraser une gomme
exit une sortie de secours
eye l'œil

factory l'usine
fairy une fée
farmhouse une ferme
father le père
fence une barrière
field un champ
fish un poisson
flames des flammes (f.)
flower une fleur
football le foot
fork une fourchette
fountain une fontaine
France la France
fruit juice du jus de fruits
frying pan une poêle

gate un portail
geography la geographie
Germany l'Allemagne
giant un géant
girl une fille
glass un verre
glasses des lunettes
glove un gant
golf le golf
grandfather le grand-père
grandmother la grand-mère
great aunt la grand-tante
Greenland le Groenland
grocer's l'épicerie
groom le marié
guitarist un guitariste

gun un pistolet

hamburger un hamburger
handbag un sac à main
handlebars un guidon
hat un bonnet
headlight un phare
headphones des écouteurs
hedge un buisson
helmet un casque
history l'histoire
hob une plaque chauffante
hoof le sabot
horse un cheval
horse-riding l'équitation (f.)
hospital un hôpital
hotel un hôtel
house une maison

ice cream une glace
India l'Inde
information technology (IT) l'informatique
Ireland l'Irlande (f.)
Italy l'Italie (f.)

jam de la confiture
Japan le Japon

kettle une bouilloire
king un roi
kite un cerf-volant
knee le genou
knife un couteau

lamp une lampe
leaf une feuille
lemonade une limonade
library la bibliothèque
lifeguard un maître nageur
lift un ascenseur
light une lumière
locker un casier
lorry un camion

magazine une revue illustrée
magic wand une baguette magique
map une carte
market le marché
maths les maths
medicine un médicament
menu un menu
mermaid une sirène

microphone *un microphone*
microwave oven *un four micro-ondes*
milk *du lait*
milkshake *un milk-shake*
mirror *un miroir*
money *de l'argent*
money box *une crousille*
Moon *la Lune*
moped *un vélomoteur*
mother *la mère*
motorbike *une motocyclette*
mountain *une montagne*
mouse *une souris*
mouth *la bouche*
mushroom *un champignon*

napkin *une serviette*
neck *le cou*
necklace *un collier*
New Zealand *la Nouvelle Zélande*
newsagent *le marchand de journaux*
newspaper *le journal*
North Pole *le pôle Nord*
nurse *une infirmière, un infirmier*

oranges *des oranges (f.)*
oven *un four*

park keeper *un gardien de parc*
parrot *un perroquet*
path *un chemin*
pavement *le trottoir*
pedal *une pédale*
pedestrian *un piéton*
pencil *un crayon*
pencil case *une trousse*
pepper *du poivre (m.)*
petrol station *une station d'essence*
pharmacy *la droguerie*
photo frame *un cadre photo*
photograph *une photo*
photographer *un photographe*
physical education (PE) *l'éducation physique*
pigeon *un pigeon*
pillow *un coussin*
pine tree *un sapin*
pirate *un pirate*
plaster cast *un plâtre*
plate *une assiette*
police station *le commissariat de police*
pond *un étang*
Portugal *le Portugal*

post office *la poste*
postcard *une carte postale*
poster *un poster*
potato *une pomme de terre*
printer *une imprimante*
pupil *un élève*
purse *un porte-monnaie*
pushchair *une poussette*
pyjamas *un pyjama*

rabbit *un lapin*
rain *la pluie*
rainbow *un arc-en-ciel*
rake *un râteau*
ramp *une rampe*
referee *l'arbitre*
river *une rivière*
road *une route, une rue*
roundabout *un tourniquet*
rowing boat *un bateau à rames*
rubber ring *une bouée*
ruler *une règle*
Russia *la Russie*

saddle *une selle*
sailing *la voile*
salad *une salade*
salt *du sel*
sand *le sable*
sandcastle *un château de sable*
sandwich *un sandwich*
saucepan *une casserole*
sausage *une saucisse*
scarf *une écharpe*
school *l'école (f.)*
school bag *un sac d'école*
school bus *un autobus scolaire*
science *les sciences*
Scotland *l'Écosse (f.)*
screen *un écran*
sea *la mer*
sea shell *un coquillage*
seagull *une mouette*
seat *un siège*
sheep *un mouton*
shopping *des achats (m.)*
shower *une douche*
shower curtain *un rideau de douche*
sink *un évier*
skateboard *une planche à roulettes*
ski boots *des bottes de ski*
ski instructor *un moniteur de ski*

ski lift *un télésiège*
ski pass *un abonnement de ski*
ski slope *une piste de ski*
skis *des skis*
sky *le ciel*
sleeping bag *un sac de couchage*
sledge *une luge*
slide *un toboggan*
slippers *des pantoufles (f.)*
smoke *de la fumée*
snow *la neige*
snowball *une boule de neige*
snowman *un bonhomme de neige*
snowsuit *une combinaison de ski*
soap *du savon (m.)*
sock *la chaussette*
South Pole *le pôle Sud*
space rocket *une fusée spatiale*
spaceship *un vaisseau spatial*
spade *une pelle*
Spain *l'Espagne (f.)*
spectators *des spectateurs*
sponge *une éponge*
spoon *une cuillère*
spotlight *un projecteur*
spring *un ressort*
squirrel *un écureuil*
stable *une écurie*
stage *une scène*
stamp *un timbre*
star *une étoile*
starfish *une étoile de mer*
stereo *une stéréo*
stethoscope *un stéthoscope*
stirrup *un étrier*
street light *un lampadaire*
summer *l'été*
sun *le soleil*
sunglasses *des lunettes de soleil*
sunhat *un chapeau*
swan *un cygne*
swimmer *un nageur*
swimming costume *un maillot de bain*
swimming hat *un bonnet de bain*
swimming pool *la piscine*
swing *une balançoire*
Switzerland *la Suisse*

table *une table*
table tennis *le ping-pong*
tail *une queue*
tap *un robinet*

taxi *un taxi*
tennis *le tennis*
text book *un cahier*
thermometer *un thermomètre*
ticket *un billet*
timetable *un horaire*
toilet *des toilettes*
tomato *une tomate*
tomato sauce *une sauce tomate*
toothbrush *une brosse à dents*
toothpaste *de la pâte dentifrice*
towel *un linge*
towel rail *un porte-serviettes*
town centre *le centre ville*
toys *des jouets (m.)*
tractor *un tracteur*
traffic light *un feu rouge*
tray *un plateau*
tree *un arbre*
tricycle *un tricycle*
trolley *un caddie*
trousers *un pantalon*
twins *des jumeaux*

uncle *l'oncle*

vase *un vase*
vegetables *des légumes (m.)*
vinegar *du vinaigre (m.)*
volleyball *le volleyball*

waistcoat *un gilet*
Wales *le pays de Galles*
ward *un pavilion*
wardrobe *une armoire*
washbasin *le lavabo*
waste bin *une poubelle*
water *de l'eau (f.)*
waterslide *un toboggan à eau*
wheel *une roue*
wheelbarrow *une brouette*
wheelchair *une chaise roulante*
whistle *un sifflet*
windbreak *un coupe vent*
windscreen *un pare-brise*
wine *du vin (m.)*
wings *des ailes (f.)*
winter *l'hiver (f.)*
witch *une sorcière*
wizard *un magicien*

yacht *un yacht*

MORE USEFUL WORDS AUTRES MOTS UTILES

a lot *beaucoup*
above *au-dessus*
again *encore, de nouveau*
all *tout, toute, tous, toutes*
already *déjà*
always *toujours*
and *et*
to be angry *être fâché*
another *un(e) autre*
to be *être*
because *parce que*
before *avant*
big *gros*
book *le livre*
but *mais*
to buy *acheter*
child *l'enfant (m)*
close to *près de*
cold *froid*
day *le jour*
to drink *boire*
early *tôt*
explain *expliquer*
family *la famille*
to fight *se battre*
for *pour*
to forget *oublier*
to give *donner*
to go *aller*
happy *content*
to have *avoir*
to have to *devoir*
he *il*
to help *aider*
here *ici*
hot *chaud*
how many? *combien?*
in front of *devant, en face*
just *juste*
to laugh *rire*
to leave *partir*
to like *aimer*
to look *regarder*
me *moi*
morning *le matin*
never *jamais*
new *nouveau*
next *prochain*
next to *à côté de*
night *la nuit*

no *non*
no one *personne*
now *maintenant*
of *de*
open *ouvert*
to open *ouvrir*
our *nos, notre*
people *les gens*
to play *jouer*
preferred, best liked *préféré(e)*
pretty *joli(e)*
to put *mettre*
to read *lire*
rest *se reposer*
sad *triste*
to see *voir*
to sell *vendre*
she *elle*
some *quelque*
soon *bientôt*
sorry *pardon*
to take *prendre*
to take care *faire attention*
thank you *merci*
there *là*
time *le temps*
tired *fatigué*
today *aujourd'hui*
tomorrow *demain*
tonight *ce soir*
too *aussi*
very *très*
to wait *attendre*
walk *se promener*
to want *vouloir*
warm *chaud*
to watch *regarder*
we *nous*
to wear *porter*
week *la semaine*
when *quand*
who *qui*
why *pourquoi*
with *avec*
woman *la femme*
to work *travailler*
year *l'année*
yes *oui*
yesterday *hier*
you *toi, tu, vous*